TAM

CW00742379

М. Ю. Лермонтов

ТАМАНЬ

The vocabulary is based on
Schacht/Vangmark: Russian-English Basic Dictionary
Schacht/Vangmark: Russisk-Dansk Grundordbog

Series editor: Ulla Malmmose

EDITORS
Sigrid Schacht
Helge Vangmark *Denmark*

Illustrations: Ib Jørgensen

© 1976 by ASCHEHOUG A/S (Egmont)
ISBN Denmark 87-429-7784-3
www.easyreader.dk

Printed in Denmark by
Sangill Grafisk Produktion, Holme-Olstrup

МИХАИЛ ЮРЬЕВИЧ ЛЕРМОНТОВ

Михаил Юрьевич Лермонтов принадлежит к самым великим русским поэтам. Родился он в Москве, в 1814 году. Когда ему было 3 года, мать его умерла, и он провёл детство в большом имении бабушки, где была богатая библиотека. Михаил Юрьевич любил читать. Мальчиком он читал литературные произведения, написанные не только на русском языке, но и на английском, французском и немецком языках.

Сам он очень рано начал писать стихи. Когда ему было 20 лет, он уже написал 300 стихотворений, 3 драмы и одну повесть в прозе. В этих произведениях выражается душевная борьба поэта, у которого был очень гордый характер. Лермонтов, по-видимому, холодно относился к миру, но в то же время он был страстным человеком, который любил Россию всей душой.

После смерти великого русского поэта Пушкина в 1837 году Лермонтов написал известное стихотворение «Смерть поэта», в котором строго осудил условия жизни в России. Царь узнал о критике, которую выразил в стихах Лермонтов, и сослал его на Кавказ. Там Лермонтов написал повести, которые составляют его знаменитое произведение «Герой нашего времени», роман в пяти частях, написанный в форме дневника русского офицера Печорина и кратких историй, рассказанных Печориным.

Своим гордым характером Лермонтов нередко создавал себе врагов. Летом 1841 года Лермонтов рассорился с майором Мартыновым. Дело дошло до дуэли. Мартынов стрелял первым – и Лермонтов был убит на месте, на двадцать восьмом году своей жизни.

1

ямщик

Тама́нь – са́мый гря́зный из всех примо́рских* ру́сских городо́в. Я там чуть не у́мер, потому́ что мне не́чего* бы́ло есть, да ещё меня́ хоте́ли уби́ть на мо́ре.

Я прие́хал по́здно но́чью. Ямщи́к* останови́л уста́лых лошаде́й у воро́т еди́нственного ка́менного до́ма. Дежу́рный каза́к* как раз просну́лся, услы́шал меня́ и закрича́л гро́мким го́лосом:

– Кто идёт?

каза́к

---

* примо́рский го́род: го́род, кото́рый лежи́т при мо́ре
* не́чего: нет ничего́

офицер

Вышли два казака. Я им объяснил, что я офицер*, еду по военным делам, и стал требовать квартиру, на которую имею право.

Один казак нас повёл по городу. У которой избы* ни останавливались – свободного места нет. Было холодно, я три ночи не спал, я был усталым и начал сердиться.

– Веди меня, куда хочешь, хоть в самый грязный угол, только к месту! – закричал я.

изба

– Есть ещё одна изба, – медленно отвечал казак, – только вам не понравится; там нечисто.

Я не понял полного значения последнего слова и попросил его идти вперёд; мы долго ходили по грязным улицам, где по сторонам я видел только старые заборы*, и наконец мы подошли к небольшой избе, на самом берегу моря.

забор

Полный месяц светил на крышу и на белые стены моей новой квартиры. На дворе, вокруг которого был высокий забор, стояла другая изба, меньше и старее первой. Почти у самых стен её обрыв* подни-

обрыв

9

корабль

мался над берегом, и от моря внизу был слышен постоянный шум тёмно-синих волн*, которые ударялись о берег. Месяц тихо смотрел, как волновалась вода внизу, и мне было видно при свете его, далеко от берега, два корабля*, которых чёрные формы, без всякого движения, как будто на картине, выступали на бело-сером небе.

– Корабли в пристани* есть, – подумал я, – завтра уеду в Геленджик.

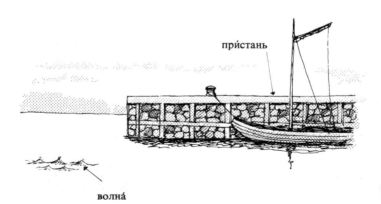

пристань

волна

ВОПРО́СЫ

1. Что тако́е Тама́нь?
2. Когда́ ру́сский офице́р прие́хал в Тама́нь?
3. Кто был с ру́сским офице́ром?
4. Кто вы́шел из ка́менного до́ма?
5. Что тре́бовал офице́р?
6. Где останови́лись?
7. Кака́я была́ но́вая кварти́ра ру́сского офице́ра?
8. Что бы́ло слы́шно внизу́?
9. Что бы́ло ви́дно по волна́м?
10. Что ду́мал ру́сский офице́р?

2

При мне служил казак. Я попросил его достать чемодан*. Ямщик уехал. Я стал звать хозяина – молчат; стучу – молчат ... что это? Наконец из комнаты возле моей квартиры вышел мальчик лет пятнадцати.

– Где хозяин?

– Хозяина нет.

– Как? совсем нет?

– Совсем.

– А хозяйка*?

– Ушла в город.

– Кто же мне откроет дверь? – сказал я и ударил в неё ногой.

Дверь сама открылась; в избе почувствовался мокрый воздух. Я взял свечу* и держал её под носом мальчика: выступили два белые глаза. Он был слепой*, совершенно слепой от природы. Он стоял пе-

чемодан свеча

* хозяйка: то же, что «хозяин», но о женщине
* слепой: неспособный видеть

редо мно́й; он не дви́гался, и я на́чал смотре́ть
побли́же на его́ лицо́.

На́до сказа́ть, что бу́дят во мне неприя́тное чу́вство
все слепы́е, как и все лю́ди, кото́рые неспосо́бны
слы́шать, ходи́ть, и так да́лее. Я замеча́л, что всегда́
есть како́е-то стра́нное отноше́ние ме́жду ви́дом чело-
ве́ка и его́ душо́й: как бу́дто челове́к, кото́рый по-
теря́л глаз, у́хо и́ли но́гу, потеря́л тем са́мым како́е-
нибудь чу́вство.

Я на́чал смотре́ть на лицо́ слепо́го; но что мо́жно
прочита́ть на лице́, у кото́рого нет глаз? ... До́лго
я гляде́л на него́ с сожале́нием, как вдруг едва́ по-
яви́лась улы́бка на то́нких губа́х его́, и, я не зна́ю

почему́, она́ произвела́* на меня́ са́мое неприя́тное впечатле́ние. В голове́ мое́й родила́сь мысль, что э́тот слепо́й не так слеп, как оно́ ка́жется; я сказа́л себе́, что представля́ться слепы́м – невозмо́жно, да, и с како́й це́лью? Но что де́лать? У меня́ ча́сто появля́ются таки́е стра́нные чу́вства.

– Ты сын хозя́ина? – спроси́л я его́ наконе́ц.

– Нет.

– Кто же ты?

– Ма́льчик без роди́телей, бе́дный.

– А у хозя́ина есть де́ти?

– Нет; была́ дочь, да уе́хала за мо́ре с чужи́м челове́ком.

– С каки́м челове́ком?

– Не зна́ю. Ло́дка* его́ из Ке́рчи.

ло́дка

---

* производи́ть/произвести́: де́лать, с-

Я вошёл в избу: две скамейки и стол, да огромный ящик возле печи* – вот и всё. На стене ни одного образа – это ничего доброго не обещало. Ветер от

печь

тень

моря заставил танцевать куски стекла. Я вытащил из чемодана свечу. При свете её я стал класть свои вещи по разным местам, поставил ружьё* в угол, положил пистолеты* на стол, пальто на скамейку, казак своё на другую; через десять минут он спал крепким сном, но я не мог заснуть. Передо мной в темноте всё снова и снова появлялся мальчик с белыми глазами.

Так прошло около часа. Месяц светил в окно, и свет его играл по земляному полу избы. Вдруг на яркой части пола появилась тень*. Я поднял голову

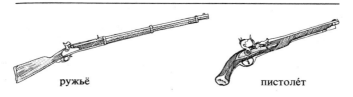

ружьё   пистолет

и взгляну́л в окно́: кто́-то опя́ть прошёл ми́мо его́ и исче́з неизве́стно куда́. Я не мог предста́вить себе́, что э́то созда́ние спусти́лось* по обры́ву бе́рега, одна́ко оно́ ника́к не могло́ исче́знуть.

---

* спуска́ться/спусти́ться: идти́ к са́мой ни́зкой ча́сти чего́-нибудь

ВОПРÓСЫ

1. О чём рýсский офицéр попросúл казакá?
2. Что потóм стал дéлать рýсский офицéр?
3. Что случúлось?
4. Где хозяйка былá?
5. Что вúдел рýсский офицéр, когдá он держáл свечý под нóсом мáльчика?
6. Почемý улыбка мáльчика произвелá неприятное впечатлéние на рýсского офицéра?
7. Что рассказáл о себé мáльчик?
8. Какáя былá избá, котóрая служúла квартúрой рýсскому офицéру?
9. Почемý офицéр не мог заснýть?
10. Что вдруг появúлось на яркой чáсти пóла?

3

Я встал, взял свой кинжа́л* и ти́хо-ти́хо вы́шел из кварти́ры; с друго́й стороны́ пришёл слепо́й ма́льчик. Я спря́тался у забо́ра, и он ве́рными, но осторо́жными шага́ми прошёл ми́мо меня́. Под руко́й он нёс каку́ю-то вещь, и, лицо́м к при́стани, стал спуска́ться по у́зкой доро́ге к бе́регу.

кинжа́л

– В тот день у слепых откроются глаза, – подумал я и следовал за ним так, чтоб не потерять его из вида.

Между тем месяц стал прятаться, и на море поднялся туман; едва сквозь него светил огонёк от близкого корабля; у берега блестели в воде огромные камни, о которые он каждую минуту мог удариться.

Я с трудом спускался, хватался за листья и деревья, и вот вижу: слепой остановился на минуту, потом продолжал спускаться по правой стороне обрыва; он шёл так близко от воды, что, казалось, сейчас волна его схватит; но, видно, он не в первый раз проходил этот путь, если принимать во внимание уверенность, с которой он бежал, с камня на камень, и никогда не делал неправильного шага.

Наконец он остановился и стоял, будто он внимательно слушал что-то, на минуту сел на землю и положил возле себя вещь. Я спрятался за камнем, который выступал у воды, и следил за его движениями. Через несколько минут с другой стороны показалась белая форма; она подошла к слепому и села возле него. Ветер по временам приносил мне их разговор.

– Что, слепой? – сказал голос женщины, – ветер силён; Янко не будет.

– Янко не бойтся ветра, – отвечал тот.

– Туман стал густым, – грустно сказал опять голос женщины.

– В тумане лучше спрятаться от дежурных кораблей, – был ответ.

– А если он погибнет?

– Ну, что ж? в воскресе́нье у тебя́ не бу́дет но́вого пла́тья.

После́довало молча́ние; я, одна́ко, заме́тил одно́: слепо́й говори́л со мно́й языко́м чужо́го кра́я, а тепе́рь выража́лся чи́сто по-ру́сски.

– Ви́дишь, я прав, – сказа́л опя́ть с ра́достью слепо́й, – Янко не бои́тся ни мо́ря, ни ветро́в, ни тума́на, ни дежу́рных корабле́й у бе́рега; послу́шай же: э́то не вода́ ударя́ет о бе́рег, я уве́рен, что э́то ло́дка.

Же́нщина вскочи́ла и ста́ла смотре́ть в далёкое ме́сто на мо́ре с трево́жным выраже́нием лица́.

– Что ты говори́шь, слепо́й, – сказа́ла она́, – я ничего́ не ви́жу.

На́до сказа́ть, что ско́лько я ни стара́лся уви́деть что́-нибудь похо́жее на ло́дку, но стара́лся без успе́ха.

Так прошло́ мину́т де́сять; и вот показа́лся ме́жду гора́ми волн чёрный предме́т: он каза́лся то больши́м, то ма́леньким. Ло́дка то ме́дленно поднима́лась по волна́м, то бы́стро спуска́лась с них и приближа́лась к бе́регу. Смел был челове́к, кото́рый реши́л в таку́ю ночь пусти́ться че́рез мо́ре, и ва́жная должна́ быть причи́на, кото́рая побуди́ла его́ к э́тому. Таки́е бы́ли у меня́ мы́сли, когда́ я с бие́нием се́рдца гляде́л на бе́дную ло́дку; но она́, как пти́ца, исчеза́ла в воде́ и пото́м появля́лась ме́жду бе́лыми гора́ми воды́; и вот, я ду́мал, она́ уда́рится и разобьётся о бе́рег; но она́ оста́лась це́лой и успе́ла вскочи́ть в споко́йное ме́сто.

Из ло́дки вы́шел челове́к сре́днего ро́ста, в большо́й, тёплой ша́пке; он позва́л двои́х к себе́, и все

стали тащить что-то из лодки; вещи были так велики, что я не понимаю, как она держалась на воде. Они взяли каждый по ящику и пустились по берегу, и скоро я потерял их из вида.

ВОПРÓСЫ

1. Когó увидел рýсский офицéр, когдá оп вышел из квартиры?

2. Что сдéлал слепóй мáльчик?

3. Что было видно на мóре?

4. Где спрятался офицéр?

5. Почемý он спрятался?

6. Что сдéлала бéлая фóрма, котóрая показáлась с другóй стороны?

7. Чегó боялась жéнщина?

8. Как выражáлся слепóй мáльчик, когдá он говорил с жéнщиной?

9. Как он выражáлся, когдá он говорил с рýсским офицéром?

10. Что наконéц показáлся на мóре?

11. Кто вышел из лóдки?

12. Что стáли тащить из лóдки?

4

мая́к

На́до бы́ло верну́ться домо́й; но от всех э́тих стра́нностей я взволнова́лся, и я с трудо́м ждал у́тра.

Когда́ мой каза́к просну́лся, он с удивле́нием уви́дел меня́ совсе́м оде́того; я ему́, одна́ко ж, не сказа́л причи́ны. Я не́сколько вре́мени гляде́л из окна́ на голубо́е не́бо и на далёкий бе́рег Кры́ма, кото́рый тя́нется дли́нным тёмно-зелёным куско́м земли́ и конча́ется обры́вом, на кото́ром стои́т бе́лый мая́к*, пото́м я пошёл в Фанаго́рию, чтоб узна́ть от нача́льника о ча́се, когда́ я мог уе́хать в Геленджи́к.

Но, к сожале́нию, нача́льник ничего́ не мог сказа́ть мне реши́тельного.

Я верну́лся домо́й гру́стен и серди́т. Меня́ в дверя́х встре́тил каза́к мой с трево́жным выраже́нием лица́.

– Пло́хо! – сказа́л он мне.

– Да, брат, неизве́стно, когда́ мы отсю́да уе́дем!

Тут он ещё бо́лее трево́жным и ни́зким го́лосом сказа́л мне на́ ухо:

– Здесь нечи́сто! Я встре́тил сего́дня солда́та, кото́рый слу́жит на Чёрном мо́ре; я зна́ю его́ – мы вме́сте служи́ли в про́шлом году́; как я ему́ сказа́л, где мы остановились, а он мне: «Здесь, брат, нечисто, люди недобрые! ...» Да и в самом деле, что это за слепой! ходит везде один, и за хлебом, и за водой ... уж, видно, здесь к этому привыкли.

– Да что ж? а скажи, показалась ли хозяйка?

– Сегодня без вас пришла старуха* и с ней дочь.

– Какая дочь? у неё нет дочери.

– А кто она, если не дочь? Да вон старуха сидит теперь в своей избе.

Я вошёл в грязную избу. Там обедали, и, как мне казалось, обедали довольно богато для бедных людей. Старуха на все мои вопросы отвечала, что не слышит. Что было с ней делать? Я обратился к слепому, который сидел перед печью и клал куски дерева в огонь.

– Ну, говори же, – сказал я и взял его за ухо, – скажи, куда ты ночью пошёл с ящиком.

Вдруг мой слепой заволновался; он заплакал и закричал:

– Куды (: куда) я ходив (: ходил) ...? я совсем не ходил ... с ящиком? каким ящиком?

Старуха на этот раз услышала и сердито сказала:

– Вот что думает, да ещё о бедном человеке! за что вы его? что он вам сделал?

Мне это не понравилось, и я вышел, но я твёрдо решил открыть эту тайну.

---

* старуха: старая женщина

ВОПРÓСЫ

1. Почемý рýсский офицéр не мог спать?

2. Какóй вид он вѝдел, когдá глядéл из окнá?

3. Почемý офицéр пошёл в Фанагóрию?

4. Что емý сказáл казáк, когдá он вернýлся домóй?

5. Когó нашёл в избé старýхи рýсский офицéр?

6. Чем занимáлись в избé?

7. О чём офицéр спросѝл слепóго мáльчика?

8. Что мáльчик отвéтил?

5

Я взял пальто́, сел у забо́ра на ка́мень и гляде́л на мо́ре, кото́рое тяну́лось пе́редо мной. Вода́ волнова́лась, и постоя́нный шум её, подо́бный шу́му го́рода, кото́рый засыпа́ет, напо́мнил мне ста́рые го́ды, пробуди́л во мне мы́сли о се́вере, о на́шем холо́дном Петербу́рге. Па́мять о нём так волнова́ла меня́, что я забы́л всё ... Так прошло́ о́коло ча́са, мо́жет быть и бо́лее ...

Вдруг я услы́шал что́-то похо́жее на пе́сню. То́чно, э́то была́ пе́сня, и све́жий го́лос же́нщины, – но отку́да? Слу́шаю внима́тельно – пе́сня стра́нная, то ме́дленная и гру́стная, то бы́страя и жива́я. Гляжу́ круго́м – никого́ нет. Слу́шаю сно́ва, зву́ки как бу́дто па́дают с не́ба.

Я по́днял глаза́: на кры́ше избы́ мое́й стоя́ла де́вушка в си́нем пла́тье, с дли́нными волоса́ми, настоя́щая дочь мо́ря. Она́ стоя́ла про́тив со́лнца и смотре́ла на мо́ре, то смея́лась и что́-то говори́ла, то сно́ва начина́ла петь пе́сню.

Мне пришло́ на мысль, что но́чью я слы́шал тот же го́лос; я на мину́ту поду́мал об э́том, и когда́ сно́ва посмотре́л на кры́шу, де́вушки там не́ было. Вдруг она́ бы́стро прошла́ ми́мо меня́, прибежа́ла к стару́хе, и тут они́ ста́ли спо́рить о чём-то. Стару́ха серди́лась, она́ гро́мко смея́лась. И вот ви́жу, бежи́т опя́ть э́та дочь мо́ря; когда́ она́ была́ ря́дом со мной, она́ останови́лась и внима́тельно посмотре́ла мне в

глаза́, как бу́дто удиви́лась, что я там. Пото́м, как бу́дто ей бы́ло всё равно́, она́ ти́хо пошла́ к при́стани. Этим не ко́нчилось: це́лый день она́ была́ видна́ о́коло мое́й кварти́ры: она́ ни на мину́ту не переста́ла петь. Стра́нная де́вушка! Но лицо́ её никако́й стра́нности души́ не выража́ло: глаза́ её сме́ло остана́вливались на мне, и в э́тих глаза́х, каза́лось, была́ кака́я-то осо́бенная си́ла, и вся́кий раз они́ как бу́дто бы жда́ли вопро́са. Но то́лько я начина́л говори́ть, она́ улыба́лась и убега́ла.

Реши́тельно, я никогда́ подо́бной же́нщины не видел. Она была далеко не красивой, но я имею свои собственные взгляды также на красивое. Она ярко выражала в себе характер своего народа...., – как в лошадях яркое выражение вида очень важно, так и в женщинах выражение характера народа – великое дело. Французы первыми это сказали. У женщин характер чаще всего виден в том, как они ходят, в руках и ногах; особенно нос очень много значит.

Девушке казалось не более 18 лет. Необыкновенная лёгкость её движения, прежде всего, особенные свободные движения головы, длинные волосы, какой-то золотой свет от её плеч, и, особенно, правильный нос – всё это произвело на меня глубокое впечатление. Хотя она не смотрела мне прямо в глаза, хотя я не очень верил её странной улыбке, но правильный нос заставил меня всё забыть, я представил себе, что нашёл Миньону Гёте, это прекрасное создание его немецкой души; и точно, у них было много общего: обе они то быстро двигались, то совсем останавливались, у них были те же самые непонятные речи, те же быстрые движения, странные песни . . .

Под вечер я остановил её в дверях и начал с ней следующий разговор:

– Скажи мне, красивая девушка, – спросил я, – что ты делала сегодня на крыше?

– А смотрела, откуда ветер.

– Зачем тебе?

– Откуда ветер, оттуда и счастье.

– Что же, разве ты песней звала к себе счастье?

– Где поют, там и счастливо.

– А что, если ты песней позовёшь к себе несчастье?

– Ну, что же! где не будет лучше, там будет хуже, а от плохого до доброго недалеко.

– Кто ж тебя выучил эту песню?

– Никто не выучил; приходит мысль – запою; кому услышать, тот услышит; а кому не должно слышать, тот не поймёт.

– А как тебя зовут, моя птица?

– Кто мне дал имя, тот знает.

– А кто дал имя?

– Почему я знаю.

– Зачем всё в тайне держишь? а вот я что-то про тебя узнал. (Она и виду не показала, её губы не двинулись, как будто не о ней дело).

– Я узнал, что ты вчера ночью ходила на берег.

И тут я очень важно передал ей всё, что видел, и думал поставить её в трудное положение. Никак! Она громко засмеялась.

– Много видели, да мало знаете; а что знаете, так держите за зубами.

– А если б я, например, задумал сообщить дежурному офицеру? – и тут я сделал очень серьёзное, даже строгое лицо.

Она вдруг вскочила, запела и спряталась. Последние слова мой были совсем не у места; я тогда не думал об их важности, но потом мне пришлось почувствовать сожаление о том, что я так сказал.

ВОПРОСЫ

1. Где сел ру́сский офице́р?
2. Что напо́мнил его́ шум мо́ря?
3. Кто пел пе́сню?
4. Кака́я была́ э́та пе́сня?
5. Где находи́лась де́вушка?
6. Како́е бы́ло лицо́ де́вушки?
7. Как де́вушка относи́лась к офице́ру?
8. Что сде́лал под ве́чер ру́сский офице́р?
9. Что он рассказа́л де́вушке?
10. Как она́ ему́ отве́тила?
11. Что заду́мал сде́лать ру́сский офице́р?
12. Что наконе́ц сде́лала де́вушка?

6

Только стало темно, я попросил казака подать чай и сел у свечи, которая горела на столе. Уж я выпил второй стакан чая, как вдруг услышал резкий звук у двери, и мягкий шум платья и шагов послышался за мной. Я бросил тревожный взгляд, – это была она, знакомая мне девушка! Она тихо села против меня и молча смотрела на меня, и не знаю почему, но выражение её глаз мне казалось удивительно красиво-ласковым. Оно мне напомнило один из тех взглядов, которые в старые годы так играли моею жизнью. Она, казалось, ждала вопроса, но я молчал, полный самых различных чувств, которые я не мог объяснить себе.

По её лицу я увидел, что её душа волновалась; рука её без цели то и дело двигалась по столу, и я заметил в ней лёгкую напряжённость; грудь то высоко поднималась, то, казалось, совсем не двигалась. От этого представления мне стало скучно, и я готов был закончить его самым простым образом, то есть предложить ей стакан чая, как вдруг она вскочила, положила руки на мои плечи, и я почувствовал, как огонь, её губы на моих губах.

В глазах у меня стало темно, голова пошла кругом, я держал её в моих руках со всей силой огня молодого человека. Она тихо сказала мне на ухо:

– Ночью, когда все заснут, выходи на берег, – и, как ветер, исчезла из комнаты. В комнате рядом она разби́ла стака́н с ча́ем, кото́рый поста́вил на пол для себя́ каза́к. Тот просну́лся и гро́мко закрича́л. То́лько тут я пришёл в себя́.

Часа́ че́рез два, когда́ всё на при́стани бы́ло ти́хо, я разбуди́л своего́ казака́.

– Е́сли услы́шишь звук моего́ пистоле́та, – сказа́л я ему́, – то беги́ на бе́рег.

Он сде́лал больши́е глаза́ и, как обыкнове́нно, отвеча́л:

– Слу́шаю.

ВОПРÓСЫ

1. О чём офицéр попросил казакá?
2. Что вдруг услышал офицéр?
3. Кто показáлся в егó квартире?
4. Почему дéвушка волновáлась?
5. Что онá сдéлала наконéц?
6. Что онá сказáла офицéру?
7. Почему проснýлся казáк?

7

Я вышел с пистолётом за поясом*. Она ждала меня на краю обрыва. Её платье было более чем лёгкое. Небольшой платок служил ей поясом.

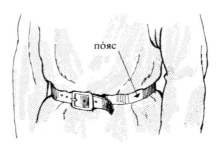

— Идите за мной! — сказала она и взяла меня за руку, и мы стали спускаться. Не понимаю, как я не разбил себе голову; внизу мы пошли в правую сторону, по той же дороге, где я следовал за слепым. Месяц ещё не вставал, и только две звезды, как два маяка, блестели на тёмно-синем небе. У пристани единственная лодка едва поднималась ровным движением тяжёлых волн.

— Войдём в лодку, — сказала девушка.

Я чувствовал себя неуверенно — но отказываться было не время. Она спустилась в лодку, я за ней, и не успел ничего больше подумать, как заметил, что мы уже находимся на море.

— Что это значит? — сказал я сердито.

Она заставила меня сесть на скамейку.

– Это зна́чит, – отвеча́ла она́ и положи́ла мне ру́ки на пле́чи, пото́м на спи́ну, – э́то зна́чит, что я тебя́ люблю́ ... И щека́ её лежа́ла на мое́й щеке́, и я почу́вствовал на лице́ ого́нь её губ.

Вдруг что́-то шу́мно упа́ло в во́ду: я схвати́лся за по́яс – пистоле́та нет. Тут ужа́сная мысль заняла́ мою́ ду́шу, и у меня́ начала́ горе́ть голова́. Я гляжу́ круго́м – мы уже́ далеко́ от бе́рега, а я не уме́ю пла́вать*. Хочу́ толкну́ть её от себя́ – она́ кре́пко де́ржится за меня́, и вдруг она́ так си́льно толкну́ла меня́, что едва́ не бро́сила меня́ в мо́ре. Ло́дка ста́ла ре́зко дви́гаться, но я успе́л схвати́ться за скаме́йку, и мы на́чали боро́ться*. Я так рассерди́лся, что у меня́ ста́ло бо́льше сил, но я ско́ро заме́тил, что она́ была́ быстре́е меня́ ...

– Чего́ ты хо́чешь? – закрича́л я и кре́пко держа́л её ма́ленькие ру́ки; хотя́ па́льцы её о́чень боле́ли, но она́ не крича́ла.

– Ты ви́дел, – отвеча́ла она́, – ты сообщи́шь нача́льнику! – и с необыкнове́нной си́лой она́ попро́бовала бро́сить меня́ в мо́ре.

Мы о́ба мину́ту висе́ли над водо́й и уже́ по по́яс бы́ли в воде́; её во́лосы бы́ли мо́крыми; мину́та была́ реши́тельная. Я схвати́л её одно́й руко́й за во́лосы, друго́й за пле́чи, и я сейча́с же бро́сил её в во́лны.

Бы́ло уже́ дово́льно темно́; голова́ её ра́за два появи́лась и исче́зла среди́ морски́х волн, и бо́льше я ничего́ не ви́дел ...

На дне ло́дки я нашёл кусо́к ста́рого де́рева, и при

---

* пла́вать: дви́гаться в воде́ и́ли по воде́
* боро́ться: бить друг дру́га

помощи его, после долгого старания, я оказался на берегу. Я тихо бежал к своей избе, но я не мог не глядеть в ту сторону, где вчера слепой ждал ночного гостя; месяц уже стоял на небе, и мне показалось, что кто-то в белом сидел на берегу; я бесшумно приблизился и тихо лёг в траве над обрывом; оттуда я мог хорошо видеть всё, что делалось внизу, и не очень удивился, а почти обрадовался, когда я узнал мою морскую девушку. Её длинные волосы ещё блестели от воды; её высокая грудь была видна через мокрую рубашку.

Скоро показалась на море лодка; она ещё была далеко, но быстро приблизилась; из неё, как вчера, вышел человек в большой, тёплой шапке.

— Янко, — сказала она, — всё пропало!

Потом разговор их продолжался, но так тихо, что я ничего не мог слышать.

– А где же слепой? – сказал наконец Янко более громким голосом.

– Я его послала, – был ответ.

Через несколько минут явился слепой; он тащил на спине ящик, который положил в лодку.

– Послушай, слепой! – сказал Янко: – ты хорошо смотри за тем местом ... знаешь? там богатые вещи ... скажи (имени я не услышал), что я ему больше не послужу; дела пошли плохо, он меня больше не увидит; поеду искать работы в другом месте, а ему уж такого смелого не найти. Да скажи, что если бы он побольше давал денег за труды, так и Янко бы не уехал от него; а мне везде дорога, где только есть ветер и море.

После некоторого молчания Янко продолжал:

– Она поедет со мной; ей нельзя здесь оставаться; а старухе скажи, по-моему, ей пора умирать, долго жила, надо знать, когда кончить жизнь. Нас же больше не увидит.

– А я? – сказал слепой голосом, который вызвал у меня сожаление.

– На что мне тебя? – был ответ.

Между тем девушка вскочила в лодку и указала пальцем на слепого; товарищ что-то положил слепому в руку и сказал:

– Ну, купи себе печенья.

– Только? – сказал слепой.

– Ну, вот тебе ещё, – и я слышал, что деньги ударились о камень. Слепой их не поднял. Янко сел в лодку; поднялся ветер, и они быстро исчезли в море.

Долго при свете месяца была видна белая лодка между тёмными волнами; слепой всё сидел на берегу, и вот мне послышалось что-то похожее на звуки, когда плачет человек: слепой мальчик точно плакал, и долго, долго ... Мне стало грустно. И зачём было судьбе бросить меня в группу честных контрабандистов*? Как камень, который бросают в тихую воду, я мешал им, и, как камень едва сам не пошёл к дну.

---

* контрабандист: человек, который держит в тайне, что достаёт вещи с чужой страны, чтобы не требовали от него денег за эти вещи

ВОПРОСЫ

1. Где де́вушка ждала́ ру́сского офице́ра?
2. Куда́ они́ пошли́?
3. Како́е бы́ло не́бо?
4. Что де́вушка предложи́ла сде́лать ру́сскому офи-
   це́ру?
5. Что де́вушка сде́лала, когда́ ло́дка находи́лась на
   мо́ре?
6. Почему́ не поги́б ру́сский офице́р?
7. Кто был на берегу́, когда́ бежа́л к избе́ ру́сский
   офице́р?
8. Кто вы́шел из ло́дки?
9. Что тащи́л на спине́ слепо́й ма́льчик?
10. Что Янко сказа́л слепо́му?
11. Почему́ пла́кал слепо́й ма́льчик?
12. Каки́е чу́вства вы́звал у офице́ра слепо́й ма́льчик?

8

Я возвратился домой. Свеча ещё горела в избе, мой казак спал крепким сном. Во сне он держал ружьё обеими руками. Я его оставил, взял свечу и пошёл в свою комнату. Ужас! мои дорогие вещи, мой кинжал – подарок друга – всё исчезло. Тут-то я догадался, какие вещи тащил этот слепой. Я сильно толкнул казака, чтобы разбудить его, посердился, а делать было нечего! Я не мог сказать начальнику, что слепой мальчик взял все мои вещи, а молодая девушка чуть не бросила меня в море?

К счастью, утром явилась возможность ехать, и я оставил Тамань. Что случилось с старухой и с бедным слепым – не знаю. Да и какое дело мне до радости и несчастья человеческого, мне, офицеру, который постоянно находится в пути из одного места в другое, да ещё и по делу! . . .

ВОПРÓСЫ

1. Кудá пошёл рýсский офицéр?

2. Что исчéзло из егó квартúры?

3. Почемý рýсский офицéр ничегó не сказáл начáльнику о том, что случúлось?